चाय-सी मोहब्बत
(कविता-संग्रह)

चाय-सी मोहब्बत

परितोष त्रिपाठी

हिन्द युग्म

ISBN: 978-81-948443-0-3

प्रकाशक :
हिंद युग्म
सी-31, सेक्टर-20, नोएडा (उ.प्र.)-201301
फ़ोन- +91-120-4374046

मुद्रक : थॉमसन प्रेस
कला-निर्देशन : विजेन्द्र एस विज

पहला संस्करण : फ़रवरी 2021
पाँचवाँ संस्करण : जुलाई 2025
मूल्य : ₹199

Chaay-Si Mohabbat
A collection of poems by *Paritosh Tripathi*

Published By
Hind Yugm
C-31, Sector-20, Noida (UP)-201301
Phone- +91-120-4374046
Email- sampadak@hindyugm.com
Website- www.hindyugm.com

First Edition: Feb 2021
Fifth Edition: Jul 2025
Price: ₹199

‘मन पतंग दिल डोर’ के बाद...

पहली बात

आप सब ने मेरी आदत बिगाड़ दी है, तभी तो एक ज़ख़्म के सूखने से पहले दूसरा ज़ख़्म मरहम खोजने आ गया।

मुझे लगता था कि 'मन पतंग दिल डोर' के बाद शायद और कुछ लिख नहीं पाऊँगा। मगर अब लगता है कि हम और आप जिस डोर से बँध गए हैं, यह रिश्ता चलता रहेगा। जब तक आप पढ़ते रहेंगे, मैं लिखता रहूँगा।

अभिनेता होना मेरा शौक़ था, फिर व्यवसाय बना... पर लिखना ना मेरा शौक़ है ना व्यवसाय। लिखना मेरे ज़िंदा रहने का सबूत है।

तो आपके सामने आज यह दूसरी किताब आ गई है- 'चाय-सी मोहब्बत'।

मैं अक्सर जवाब में चाय बोलता हूँ, जब कोई पूछ लेता है चाय लेंगे या कॉफ़ी? पता नहीं क्यों बोलता हूँ। दरअसल, मुझे लगता है चाय मोहब्बत है और कॉफ़ी... fantasy है।

यह किताब भी मोहब्बत की किताब है। मोहब्बत से लिखी गई है और मोहब्बत के लिए लिखी गई है। इसमें काफ़ी अलग क़िस्म की कविताएँ हैं।

कुछ फीकी लगेंगी, कुछ मीठी भी लगेंगी और कुछ कड़क... बस एक हिदायत है, हर पन्ने को फूँक-फूँक के पढ़िएगा।

इस यात्रा में सबसे पहले शुक्रगुज़ार हूँ 'मन पतंग दिल डोर' के पाठकों का, जिन्होंने लिखते रहने की हिम्मत दी।

हिंद युग्म प्रकाशन तथा शैलेश भारतवासी भैया का, जिनकी वजह से मैं पाठकों तक पहुँच पाता हूँ। शैलेश भैया मुझ पर मुझ से ज़्यादा भरोसा करते हैं।

शुक्रगुज़ार हूँ माई (दमयंती त्रिपाठी) का जिसके लिए मैं सिर्फ़ 'सिप्पू' हूँ। मेरे बड़े भाई आशुतोष त्रिपाठी का, जो मेरे सबसे बड़े आलोचक हैं।

बड़ी बहनें- डॉक्टर अर्चना त्रिपाठी, अल्पना त्रिपाठी और गीता कपूर दीदी का जो बिना किसी शर्त के प्रेम करती हैं।

आपका
परितोष त्रिपाठी
मुंबई, 2021

कविता-क्रम

सुनो!
तुमसे पहले चाय लगी थी मेरे होंठों से...

कल देखा था उसको तकिया ख़रीदते हुए
मन में आया पूछ लूँ मेरे हाथ में क्या बुराई थी

पहला आशिक़

मुझसे पहले जिसने दर्द सहा होगा
मुझसे पहले जो आशिक़ रहा होगा

मुझसे पहले जो इरादा भाँप लेता था
मुझसे पहले जो बदन का ताप लेता था

मुझसे पहले जिसे यादों ने झकझोरा होगा
मुझसे पहले जिसने अक्षर-अक्षर जोड़ा होगा

मुझसे पहले जिसके सपने नीले थे
मुझसे पहले जिसके तकिए गीले थे

मुझसे पहले जिसने दिल बेक़रार किया
मुझसे पहले जिसने क़लम को हथियार किया
कह गया जो सब कुछ, बिना लिए किसी का नाम
दुनिया के पहले आशिक़, पहले शायर को सलाम

तेरा मेरा मिलना अक्सर कैसा
सफ़ेद पन्ने पे काले अक्षर जैसा...

अगर हम होते

हम तुम गर अल्फ़ाज़ होते
तो तुम तड़प होती
मैं इंतज़ार होता

हम तुम गर शहर का हिस्सा होते
तो तुम सुकून की फुलवारी होती
मैं बेचैनी का बाज़ार होता

हम तुम गर महीना होते
तुम ख़त्म होता december होती
मैं closing वाला मार्च होता

हम तुम गर रौशनी होते
तुम पारो का जलता दीया होती
मैं कम battery वाला टॉर्च होता

हम तुम गर वक़्त होते
मैं कहीं भाग रहा होता
तुम कहीं-ना-कहीं ठहर जाती

हम तुम गर राह होते
मैं पगडंडी बन गाँव लौट जाता
तुम पक्की हो के शहर जाती

हम तुम गर नशा होते
मैं तुम्हारे होंठ लग के मदहोश होता
तुम 'हानिकारक हूँ' कह के दूर भागती

हम तुम गर हम होते
ख़ैर जो नहीं हो सकते उसपे क्या लिखना

इश्क़ का मोड़

हम में तुम में
उतना ही फ़र्क़ है
जितना
चुप और शांत में है
अकेलापन और एकांत में है
मज़ाक़ में और खिल्ली में है
शाबाशी में और तसल्ली में है
दिलदारी और दुनियादारी में है
साफ़गोई और अदाकारी में है

इतने फ़ासलों के बाद भी
हम एक जगह मिलते हैं
इश्क़ के मोड़ पर...

तुम हम में सो जाती हो
हम तुम में जगते हैं
तुम्हारे घर के रास्ते
हमें मंज़िल लगते हैं

लौट आओ

म्यूज़िक वाला ग्रीटिंग कार्ड
बात-बात में बुद्धू बोलना
Notebook के पीछे दिल ख़ाली कर देना
Nokia 2310 मोबाइल पे सारी रात अँगूठों का चलना
आँखों के नीचे झाँई आना
तेरे ख़्वाब मेरे ख़्वाब जैसे सस्ते शेर सुनाना
छोटे शहर का प्यार लौट के आजा
जैसे पुराने गाने और पुरानी फ़िल्में लौट के आ रही हैं
अपने पीछे returns लगाकर...

किसी की पहले होती है, किसी की बाद होती है
हर रिश्ते की अपनी मियाद* होती है

(*Expiry date)

निकाह पढ़ लो

सुनो!
तुम्हें पढ़ने का शौक़ है
हाँ
मेरे साथ निकाह पढ़ लो

तुम्हें लिखने का शौक़ है
हाँ
अपने साथ मेरा नाम लिख लो
तुम्हें देखने का शौक़ है
हाँ
मेरे साथ जवानी से बुढ़ापा देख लो
और सुनो!
तुम्हें समझने का शौक़ है
हाँ
मुझसे बेहतर नहीं मिलेगा समझ लो...

तेरे ना होने पर

तेरे ना होने पर
बार-बार पुराने मैसेजेज़ पढ़ती हूँ
सारी रात घड़ियों से लड़ती हूँ
हाथ का तकिया बनाने वाला नहीं है
कोई गोदी में सुलाने वाला नहीं है
तेरे ना होने पर
ख़ुद थक के ख़ुद ही पाँव दबाती हूँ
ख़ुद देके दर्द, ख़ुद मरहम लगाती हूँ
तेरे ना होने पर
TikTok के videos बनाकर save करती हूँ
तुझे ये पसंद है या वो पसंद है, मन में कहती हूँ
तेरे ना होने पर
महीनों हो जाते हैं सोफ़े के cover change किए
वो नीली चादर नहीं बिछाती जिस पर, हम साथ-साथ जिए
तेरे ना होने पर
अब मैं ज़्यादा चीनी वाली चाय पीती हूँ
पर life में मिठास नहीं है
सारी web series आधी देख के छोड़ी है
रिमोट छीनने वाला पास नहीं है

तेरे ना होने पर
मुझे मेरे ना होने का एहसास होता है
बदन तन्हा साथ है
मन तेरे पास होता है
तेरे ना होने पर
इससे ज़्यादा लिखा नहीं जाता...

तेरे बदन से लग के
इत्र की महक बढ़ जाती है
ख़ुशबू में ख़ुशबू घोलना कोई तुझसे सीखे

पहले जैसे

चलो मिलें फिर
पहले जैसे, पहले जैसे

चलो खिलें फिर
पहले जैसे, पहले जैसे

धड़के सीना फिर
मुश्किल हो जीना फिर
पहले जैसे, पहले जैसे

कैलेंडर का मार्क बदन पे आए
रंगत चेहरे की और बढ़ जाए
पहले जैसे, पहले जैसे

सुनो!
तुम्हारे साथ नींद हो, उठ के तुम्हारी दीद हो
चाँद हो हथेली पे, personal सी मेरी ईद हो

कुछ लोगों को प्यार नहीं प्यार-सा होता है
जैसे बदलते मौसम में बुख़ार-सा होता है

मैं मिल नहीं रहा

यार सुनो ना...
मैंने बिस्तर पर देखा
अलमारी भी देख लिया
पूरा घर छान मारा
आस-पास वालों से पूछा
और थक के आईने में भी देखा
कहीं नहीं मिल रहा हूँ मैं
एक बार check करो
कहीं तुम्हारे साथ तो नहीं चला गया हूँ

पास बुला लेना

कभी घर ख़ाली हो, तो पास बुला लेना
कभी दिल सवाली हो, तो पास बुला लेना
कभी ज़ुबान डरी हो, तो पास बुला लेना
कभी आँखें भरी हो, तो पास बुला लेना
कभी शाम कटती ना हो, तो पास बुला लेना
कभी तकलीफ़ घटती ना हो, तो पास बुला लेना

सुना है तेरे दिल में कइयों का आना-जाना हुआ है
सुना है Horror फ़िल्में देखे तुझे ज़माना हुआ है
चीख़ के अपना सिर मेरी T-shirt में घुसाना हो
तो पास बुला लेना

कभी Net ना चले
कभी गाड़ी की चाबी ना मिले
आधी रात को सड़कों पर चिल्लाना हो
तो पास बुला लेना

कभी बदन पर मिट गया कोई मार्क हो
कभी आँखों के नीचे सर्कल डार्क हो

Nonveg Jokes पर शर्माना हो
तो पास बुला लेना

तू सोचती होगी Pizza के Combo Offers का क्या करूँ
सोचती होगी गाली देके किससे बातें करूँ
कभी आँखों से काजल फैलाना हो
तो पास बुला लेना

कभी तेरे होंठ सारी रात धुआँ का छल्ला बनाएँ
कभी डॉक्टर तेरा इलाज बस नींद बताए
कोई बुरी लत छुड़ानी हो
तो पास बुला लेना

कभी शादी का Pressure बढ़ाती कोई बुआ हो
कभी दाहिने गाल पर छोटू-सा Pimple हुआ हो
छुपकर ठंडी Beer लड़ानी हो
तो पास बुला लेना

और सुनो!
जब लगे आँखों के पास झुर्रियों का डेरा है
उमर के आख़िरी पड़ाव ने तुझको घेरा है
साथ जिएँ तो नहीं, पर साथ मर जाना है
तो पास बुला लेना

तुम्हें ऐसा लगे
तो पास बुला लेना

सच में

करता हूँ तो दिल से अलविदा करता हूँ
सिर्फ़ दिखावे के लिए हाथ हिलाता नहीं

वो सेंध मार के हँसी लूट लेता है
मैं फिर मुस्कुराने से बाज़ आता नहीं

नाकामी ही सही, मुझमें इज़हार का दम है
क्या करूँ अगर कि डगर मैं जाता नहीं

और सुनो! सच्चा फ़्लर्ट रास आता है हमें
झूठी मोहब्बत से दिल बहलाता नहीं

धोखा फ़ितरत है तुम्हारी, तो आओ ज़िंदगी में
मुझसे भी लॉयल्टी का बोझ सहा जाता नहीं

तकलीफ़ तो बहुत देती है यह ख़ुद्दारी
मैं आराम के लिए तलवे सहलाता नहीं

देखो ख़ंजर के निशान हैं मेरे बदन पर
अब तो मैं धमकियों से घबराता नहीं

जब तुम थी

तुम अपनी पलकों से, पलकें मेरी लड़ा लेती थी
तुम होंठ से अपने, मेरे होंठ सहला लेती थी
तुम क़रीब आने पर, शर्म से नहा लेती थी
तुम बन के बाढ़ का पानी, मुझे बहा लेती थी
तुम सीने से लगा के, धड़कन की रफ़्तार बढ़ा देती थी
तुम जिस्म की तपिश को, बर्फ़ीली पहाड़ी से लड़ा देती थी
लगता था तुम बदन से रूह का काम लेती थी
तुम हाँफती हुई, जब-जब मेरा नाम लेती थी
तुम पीठ पर उँगलियों के निशान छोड़ जाती थी
तुम हाथ थाम के मेरा, लकीरों का रुख़ मोड़ जाती थी
　　तुम साँसों से बदन की सिकाई करती थी
　　बिखर जाती रात हमारी, तुम तुरपाई करती थी
तुम अकेले ही बज़्म बन जाती थी
तुम इस शायर की नज़्म बन जाती थी
तुमने दिन और रात के फ़ासले मिटाए थे
तुम छूट गई थी एक बार मुझ में, हम तुम में समाए थे
　　सुनो! Free हो तो मत मिलना
　　हमें free की चीज़ें पसंद नहीं हैं
　　मन हो तो मिलना, वरना
　　हम भी ज़रूरतमंद नहीं हैं

मिलो तो आधी रात को, चाय और maggi बनाते हैं
तुमको दिक़्क़त ना हो, तो बिस्तर की सिलवटें बढ़ाते हैं

फ़्लैशबैक

अपने से दूर रख दो mobile को
बेचैनी को और दुनियादारी को
और चलो मेरे साथ कुछ साल पीछे

जब सहेलियाँ डाकिया होती थीं
जब गिफ़्ट archie's का नहीं हाथों से बना के दिया करते थे
जब cassettes में गाने नहीं दिल का हाल भेजा करते थे
जब birthday वाले दिन हम घर के कपड़े में स्कूल आते थे
जब हम साल के सारे मौसम साथ देखते थे

जब घर से सिर्फ़ काजल लगा के निकलती थी
और रास्ते में तैयार होती थी
जब अकेले मिलने पर कलेजा मुँह को आ जाता था
और गर छू लिया एक-दूसरे को, तो सिहरन घर पहुँचने तक रहती थी

और याद करो
जब मैं landline पर दो घंटी बजा के फ़ोन काट देता था
और तुम समझ जाती थी कि 'वही होगा'
फ़ोन की घंटी तो वैसी ही थी, जैसी होती थी

पर शायद दिल के तार से जुड़ने पर मन में बज जाती थी
जब बारिश होने पर
या शाम होने पर
हम भाग के छतों पर चढ़ जाते थे...

पर अब ऐसा नहीं होता
इस शहर में बारिश तो होती है
पर भाग के छत पर नहीं चढ़ पाते हैं
और शाम तो होती ही नहीं है
सिर्फ़ दिन होता है... और रात होती है

जिस्मानी-रूहानी

तू जिस्मानी चाहता है
मैं रूहानी चाहती हूँ
तू oneliner जैसा प्यार है
मैं पूरी कहानी चाहती हूँ

तू बदन पे दाग़ देके ख़ुश होता है
मैं जनम भर की निशानी चाहती हूँ
तू जिस्मानी चाहता है
मैं रूहानी चाहती हूँ

तू धोखा चाहता है
मैं मौक़ा चाहती हूँ
तू इश्क़ फ़रमाता है सड़क पर
मैं दुश्मन भी ख़ानदानी चाहती हूँ

तुझे बड़े होने की चाहत है
मैं नादानी चाहती हूँ
तू जिस्मानी चाहता है
मैं रूहानी चाहती हूँ

हर शाम सूरज समंदर में डूब के चाँद बन जाता है
ये दोनों एक ही हैं, हमारी तरह
जैसे तुम ग़ुस्से में मैं बन जाती हो
मैं शांत हो के तुम बन जाता हूँ

ये सब करना है

देखना है तुम्हें
जैसे पेट्रोल भरते टाइम देखते हैं ज़ीरो ईमानदारी से

मिलना है तुम्हें
जैसे मिलते हैं गंदी फ़िल्म देखते वक़्त मोहल्ले के अंकल

छूना है तुम्हें
जैसे छूते हैं हरामी लौंडे बिजली की नंगी तार को

महकना है तुम्हें
जैसे लड़खड़ाते बेटे को बाप महकता है पार्टी से आने के बाद

याद करना है तुम्हें
जैसे याद किया था 2 का पहाड़ा चिल्ला-चिल्ला के बचपन में

चुराना है तुम्हें
जैसे चुरा लेते हैं अक्सर बड़े लोग साबुन-शैम्पू-तौलियाँ होटलों से

सुनना है तुम्हें
जैसे सुनता है कोई निर्दोष अदालत के फ़ैसले उम्मीद के साथ
बचाना है तुम्हें
जैसे बचाती है माँ अपनी बेटी को मामा-मौसा-चाचा की गंदी नज़रों से

महसूस करना है तुम्हें
जैसे महसूस करता है पति अपने होने वाले बच्चे को,
बीवी के पेट पर कान लगाकर

छुपाना है तुम्हें
जैसे छुपाती है जवान होती लड़की अपने सीने के उभार को

डराना है तुम्हें
जैसे रोज़ डराती है बीवी मायके जाऊँगी वाली धमकी से

लिखना है तुम्हें
जैसे लिखती हैं 'अमृता' 'साहिर' का नाम
अपनी उँगली से 'इमरोज़' की पीठ पर

खिलाना है तुम्हें
जैसे खिलाते है वफ़ादार नौकर मालिक को मीठा
मालकिन से नज़र चुराके

उठाना है तुम्हें
जैसे उठा लेते हैं 27 जनवरी
और 16 अगस्त को ज़मीन पर पड़े हुए तिरंगे को

जगाना है तुम्हें
जैसे जगा देते हैं लोग ट्रेनों में बेवजह स्टेशन के आने से पहले ही
समझाना है तुम्हें
जैसे देवर को समझाती हैं, गाँव की भाभियाँ सुहाग रात से पहले

पिघलाना है तुम्हें
जैसे तपते बदन पर पिघलती बर्फ़ है सस्ती विज्ञापन फ़िल्मों में

और सुनो!
भूल जाना है तुम्हें
जैसे भूल गए landline को mobile के आते ही
जैसे भूल जाते हैं बड़े stars को वक़्त के जाते ही

तुम सुबह की चाय हो
आँख खुले तो तुमको देखना चाहता हूँ

चाय-सी मोहब्बत

चाय जैसी मोहब्बत है मेरी
सुबह आदत वाली
शाम को ज़रूरत वाली
जल्दबाज़ी में सड़क वाली
सर्द रातों में कड़क वाली
   झगड़ने के बाद फीकी-सी लगती है
   साथ पिएँ तो आँखें देर तक जगती हैं
कई दिनों तक गर ना मेरी कॉल जाती है
आँखों से उबाल फेंकती, तू ग़ुस्से में खौल जाती है
   तुम green होके signal की तरह बुलाती हो
   Black हो तो भी दिल को भा जाती हो
अदरक से मिलती रहना दवा-सी लगोगी
सरदर्द में मिलोगी, तो दुआ-सी लगोगी
   बिछड़े ज़माना हुआ होंठों से लग जाओ, कभी आग की तरह
   तुम्हें कपड़े में सँभाल रखा है, ना छूटने वाले दाग़ की तरह
भर-भर के नहीं लिखा तुझ पे, वरना छलक के चली जाती है
कविता Cutting लिखी है, तेरी तलब बढ़ती जाती है

घंटों ख़ामोश बैठे रहते हैं हम दोनों
हम हमारे बीच बातों को भी नहीं आने देते

दिल नहीं मन आया है

उसपे दिल नहीं आया है
मन आया है
बेतुकी-सी मेरी शायरी में
जैसे वज़न आया है

महरूम थे हम, बदली की आहट से
दिल के मोहल्ले में, छम-छम आया है
दिल नहीं आया है
मन आया है

Retirement प्लान ले रही थीं आँखें मेरी
पलकों में फिर यौवन आया है
दिल नहीं आया है
मन आया है

बदन के निशान जोड़ के पढ़ लो नाम उसका
हम नहीं बताते, कौन आया है
इतना पता है
उसपे दिल नहीं आया है
मन आया है

अमृता प्रीतम

मैं 'इमरोज़' नहीं हूँ
मैं नहीं बना सकता बोलने वाले चित्र

मैं 'साहिर' भी नहीं हूँ
मैं नहीं लिख सकता
ऐसे गीत जिनसे चित्र बन जाते हैं

पर मैं दीवाना हूँ
जो मचलता है आपकी मोहब्बत में
मैं बिगड़ के कुछ बन जाता हूँ
आपकी सोहबत में

मैं परवाना हूँ
जो जलता रहा है पढ़ के उन पन्नों को
जिनपे कहानियाँ नहीं, कविताएँ नहीं, अंगार रखा है आपने

मैं मिला नहीं कभी आपसे
पर जब दिल करता है क़रीब पहुँच जाता हूँ
'रसीदी टिकट'* लेके

(*अमृता प्रीतम की आत्मकथा है- 'रसीदी टिकट')

नज़्म की नज़्म

दिल का दिल टूटा है
दिमाग़ का ख़राब हुआ दिमाग़
रोक पे रोक लग जाती है
जब कहीं आग लगाती है आग
जवानी को आई है जवानी
कहानी ने सुनाई है कहानी
लगता है मौसम ने बदला है मौसम
Awesome का Status है Awesome

धुवाँ से निकल रहा धुवाँ है
ऐतबार को ऐतबार हुआ है
सर्द रातों को सर्दी लगी है
कहीं नींद, नींद से जगी है
चारों ओर हवा की हवा है
कहीं दवा पे बेअसर दवा है

शब्दों ने शब्दों को दोबारा जिया है
लगता है मुक़र्रर ने मुक़र्रर किया है

आपसे दूर रहकर बीमार हो जाना
इसी को कहते हैं प्यार हो जाना

पूरा का पूरा तुम्हारा

मेरी आँखें आलसी हैं
सिर्फ़ तुम्हें देखती हैं

मेरा दिल कामचोर है
बस तुम्हारे लिए धड़कता है

मेरी ज़ुबान में Attitude है
बस तुम्हारा नाम लेती है

अब बताओ हुआ ना मैं
पूरा का पूरा तुम्हारा

नहा गया था मैं जुगनुओं की बारिश में
कल वो कंधे पर सर रख के रोई थी

Engagement Ring

फ़िल्मी इश्क़ नहीं है, और क़िताबी भी नहीं
मैं राजकुमार नहीं, वो कोई शहज़ादी भी नहीं
वो बस मरहम है मेरे लिए, और वही घाव है
प्यार का ठप्पा लगा नहीं, पर बहुत लगाव है
    उसे छोटी-छोटी बातों पे रोना नहीं आता
    दस मिनट से ज़्यादा नक़ली होना नहीं आता
    मज़ाक़ में पुकारूँ तो आ जाती है, जैसी होती है उसी हाल में
    नींद से भरी आँखें लेके, चंपी वाले नारियल तेल बाल में
उसे फ़िकर नहीं... फ़र्क़ नहीं... और formality का तो सवाल नहीं
Committed है ख़ुद के साथ, तो अकेलापन से बुरा हाल नहीं

कल अचानक देखा उसे...
उँगली से Engagement ring निकाल के
हाथ में safety pin लेकर
सूखा हुआ गीला आटा साफ़ कर रही थी
लग रहा था आटे से रिंग अलग करना चाहती है
क्योंकि रिंग ज़्यादा सूख गई थी

इंसान सूखी रोटी पचा सकता है
सूखा हुआ इश्क़ नहीं

साथ हो के भी साथ ना हो
अजीब इश्क़ की कहानी है
छू के भी छू नहीं पाता कभी
जैसे पुरइन के पत्ते पे पानी है

तीन तमन्नाएँ

तमन्नाओं का ना जवाब होता है
ना इनका कोई हिसाब होता है
पहली पूरी होते ही, दूसरी जग जाती है
दूसरी पूरी हो जाए, तो तीसरी सर उठाती है

जैसे लगता है हर साये में कहीं धूप है
मेरी तमन्ना एक ही है, उसके तीन रूप हैं
पहला, उसके साथ शाम देखूँ
दूसरा, उसके नाम के साथ अपना नाम देखूँ
और तीसरा, उसके साथ उम्र तमाम देखूँ

मतलब तमन्नाओं से हक़ीक़त की काफ़ी दूरी है
ऊपर पढ़के समझ गए होंगे, तीनों अधूरी हैं
हर शाम चिड़िया अपने घर लौट आती है
मगर वो शाम के नाम से काफ़ी घबराती है

जिसे जानता हो मुल्क सारा पूरा शहर जिसका घर है
किसी से नाम ना जुड़ जाए, ज़िंदगी का सबसे बड़ा डर है
दो ऐसे ना पूरी हुई, तीसरे की क्या दरकार है
कहीं पढ़ा था, प्यार का दूसरा नाम इंतज़ार है

ज़मीन भूल के, हम Mat पर आ गए हैं
चिट्ठी भूल के, हम Chat पर आ गए हैं

चिट्ठी

सोच रहा हूँ
कोई चिट्ठी लिख के भेज दूँ
अपने ही पते पर
मेरा हाल और कौन पूछेगा
शहर Busy है अपने में

जब हम लिखते हैं चिट्ठी
तो हम शब्द नहीं वक़्त देते हैं

जब से मोबाइल आया है
लोगों को नीचे देखने से फ़ुर्सत नहीं
सामने वाले का हाल जानने के लिए
नज़र सामने पड़नी भी तो चाहिए

आदत डाल लो सामने देखने की
वरना अचानक मिला, तो नज़र चुरा लोगे
या फिर ऐसा ना हो, मैं Busy हो जाऊँ
चिट्ठियों के कारोबार में

नुक़्ता

माथे की छोटी वाली बिंदी
नुक़्ते जैसी लगती है
और तुम्हारी सूरत
उर्दू की लिखावट बन जाती है

सीधे-सीधे समझ नहीं पाता कोई

सिलसिला

तुमसे मिल के जब घर पहुँचता हूँ
तो तुम भी पहुँचती हो
जैसे मैं पहुँचता हूँ तुम्हारे साथ
तुम्हारे घर तक

ये थोड़ा-थोड़ा करके साथ ले जाने का जो सिलसिला है
कहीं ज़माना इसे प्यार जितना कम ना समझ ले

सबने उसकी बुराई की है
मिलने की तलब बढ़ती जा रही है
उसने अपनी अच्छाई छुपा रखी होगी

लड़कियाँ

Society की सोच से वो बाहर निकलती रहें
पिछड़ेपन के सीने पर Sandal पहन के टहलती रहें

कमज़ोर बनाएँ जो आँसू, वो ना आँखों से बहें
ख़ुद को बचाने के लिए, वो लड़कों को भइया ना कहें

उनकी मर्ज़ी वो शराब पी के लड़खड़ाएँ
उनकी मर्ज़ी वो भी देर से घर आएँ

स्कूटी नहीं बाइक पे भी उनका अधिकार हो
खुली जीप पर Denim पहन के वो भी सवार हों

हर मोड़ पर उनको क्यों आज़माते हो
अब्बे! पहनावे से Perception क्यों बनाते हो

कॉल सेंटर से Job कर के आती हैं
सुबह किसी धंधे से नहीं
बराबरी करो तो सोच में करो
सिर्फ़ कंधे से नहीं

उनको अबला कहके ना weak करो
कपड़े ठीक हैं उनके, तुम नज़रें ठीक करो

तुम्हारी अय्याशी का वो बिछौना नहीं है
गुड़िया, गुड़िया है, तुम्हारा खिलौना नहीं है

माई मुस्कुराती है

लगता है कोई छोटा बच्चा
हल्के हाथों से उसके दोनों गाल पीछे खींच लेता है
गालों के साथ होंठ भी Reverse Gear में पीछे चले जाते हैं
और झाँकने लगते हैं मसूड़े
हल्के गुलाबी रंग के
जैसे किसी ने पके अमरूद को दो फाँक में काट दिया हो

ऐसा होते ही
आँखों के पास झुर्रियाँ अड्डा बना लेती हैं
पलकों में थोड़ी नमी ठहर जाती है

ऐसा सिर्फ़ एक वक़्त होता है
जब-जब मेरी माई मुस्कुराती है

(*एक उम्र के बाद सबकी माई एक-सी लगने लगती है। सभी माताओं को समर्पित।)

हिंदी वाली माँ

जब हमारी पढ़ाई में कमी रहती है
उनकी आँखों में नमी रहती है
जाने कब Ma'am से माँ हो गईं
हमें वो अपना बेटा कहती हैं
    उनकी आँखें थोड़ी बड़ी हैं
    शायद उनमें हमारे हिस्से का ख़्वाब है
    हल्की बातें मुँह से नहीं निकलती
    उनके चेहरे पर अलग रुआब है
वैसे तो हम उनके हिस्से तीन साल आते हैं
पर धीरे-धीरे हम ख़ुद उनका हिस्सा हो जाते हैं
बाहर से गंभीर हैं, अंदर से मुस्कुराती हैं
हमने जाना है, आप पाठ्यक्रम से ज़्यादा पढ़ाती हैं
    लोग कहते हैं थोड़ा सख़्त उनका व्यवहार है
    कोई अपनों को ही तो डाँटता है, यही उनका प्यार है
    अभी भी याद है चमकता हुआ चेहरा, वो बड़ी-सी बिंदी
    बाक़ियों की Teacher, हमारे लिए स्वयं हिंदी

(*प्रो. रुचिरा ढींगरा Ma'am [हिंदी विभाग, शिवाजी कॉलेज दिल्ली] को समर्पित)

तुम commercial स्क्रिप्ट हो
मैं हूँ आर्ट सिनेमा का हीरो
रिश्तों का बॉक्स ऑफ़िस समझ नहीं पाएगा हमें

अदाकारा

तुम्हारी ज़ुबान में दुआ है
तुम-सा ना होगा ना हुआ है

खुला मत करो सबके सामने
दिल पर पहरा रखो
कोई नहीं पोंछता है आँसू यहाँ
आँखों में सहरा रखो

रौशन करो जहाँ को
चमकता सितारा बनो
दर्द छुपाना सीख जाओ
ऐसी अदाकारा बनो

तुम्हारे लिए रखा है एक फ्राइडे बचा के
कभी ऊपर वाले की आँख लग जाए
तो चले आना छुप-छुपा के

‘सितारा’

नक़ली हँसी बची है
असली उल्लास चला गया

इस पार था मैं, परदे के उस पार थी वो
पर लगता है कोई ख़ास चला गया

शायद दुनिया की सबसे बड़ी ऊँचाई मिलनी थी उसे
इसलिए एक ‘सितारा’ सितारों के पास चला गया

(*प्रख्यात अभिनेत्री श्रीदेवी जी को समर्पित)

रौशनदान

पहले दिल में एक खिड़की हुआ करती थी
अब बंद कर दी है

यार ताक झाँक ज़्यादा बढ़ गई थी
बाहर की हवा भीतर घुस रही थी
और राख जमी अंगार को भड़का रही थी
तो बंद कर दी

फिर कुछ दिन बाद
किसी ने दिल में दरवाज़ा बना लिया
घर और दिल दोनों में ताला जड़ना पसंद नहीं
खुला छोड़ रखा था बरसों तक
आने जाने लगे लोग बिन मर्ज़ी से
दिल में अड्डेबाज़ी होने लगी

एक दिन दिमाग़ ने छापा मारा
सब फ़रार हो गए
कुछ यादें पकड़ी गईं
अपने जल्दबाज़ी में कितना कुछ छोड़ के भाग जाते हैं

अब दरवाज़ा भी बंद कर दिया है
और लिखा दिया है- 'अंदर आना मना है'
अब यहाँ कोई नहीं रहता है

कल अचानक दिल के भीतर
कोई ख़याल रौशन हुआ
धड़कनों की चमक थोड़ी बढ़ी
यादें सुगबुगाईं
चुप-चाप थी जो पड़ी

ऐसा तो नहीं
दिल में किसी ने रौशनदान बना लिया है

तोड़ के देती है अपने हाथों से फूल
तो ख़ुश्बू थोड़ी ज़्यादा लगती है
अब समझा काँटे मुझे बेवजह क्यों
चुभने लगे हैं

मौसम

ज़ुल्फ़ों में घटा
आँखों में बारिश लिए चलती है
तपिश देख के उसकी, कहीं धूप मचलती है

थोड़ी आलसी है, सर्द रातों की तरह
मुझमें बस गई है, जज़्बात की तरह

आँखों में बसी है, दिल तक आहट देती है
सुना है वो, सर्द मौसम को गरमाहट देती है

वो कहते हैं,
आजकल बहुत लिखते हो ख़ाली हो क्या?
उन्हें कैसे समझाऊँ कि
भरा हुआ हूँ इसीलिए लिख के ख़ाली होता हूँ

पीछे के पीछे

कमज़ोर लोग रहते हैं
मज़बूत तालों के पीछे
    जाने कितनी अँधेरी रातें मरती हैं
    इन उजालों के पीछे
कभी दौलत की बरसात हुई थी
इन कंगालों के पीछे
    शोहरत की कहानियाँ रहती हैं
    पाँव के छालों के पीछे
बेगुनाह ही मारे जाते हैं हर बार
इन बवालों के पीछे
    उँगलियाँ लहूलुहान होती हैं
    उसूल वाले ढालों के पीछे
इमारतें नहीं, घोसले रहने दो
पेड़ों की डालों के पीछे
    तुम्हारी नहीं, किसानों की मेहरबानी है
    इन निवालों के पीछे
कम-से-कम रूह तो असली रहने देते
इन नक़ली खालों के पीछे

थोड़े धुँधले डाला करो videos अपने
तुमको सुनूँ भी और देखता भी रहूँ
एक साथ इतना क़हर अच्छा नहीं होता

प्यार होता है

चलो, अब सो जाओ
'Bye!'
'Good Night!'
के बाद भी जिस msg का इंतज़ार होता है
वही सच्चा वाला प्यार होता है

मालूम है, उसे नहीं आना उधर से
फिर भी उन रास्तों पर इंतज़ार होता है
वही सच्ची वाला प्यार होता है

पता है पूरे शहर को हमारे क़िस्से
बस हमारे बीच ही ना इज़हार होता है
वही सच्चा वाला प्यार होता है

अच्छी ग़ज़ल लिखना चाहता हूँ
कोरे काग़ज़ पर तुम्हारा नाम लिख दूँ?

तिनका-तिनका

कभी Mechanic बन के
अल्फ़ाज़ की मरम्मत कर लेता हूँ
    कभी किसी हकीम की तरह
    जज़्बात की मरहम पट्टी कर देता हूँ
कभी रसोइये की तरह
पकने दिए हैं ख़यालों को धीमी आँच पर
    कभी वकील की तरह दिल से लड़ता हूँ
    झूठ और साँच पर
कभी चोर की तरह, तेरे भीतर झाँकता हूँ
कभी दर्ज़ी बनके, पन्नों पर शब्द टाँकता हूँ
    तेरे सपने, तेरी ख़ुशियाँ, अपने भीतर पालता हूँ
    किराए की कोख बनके
Emotion तेरे, पर जिए हैं मैंने
कभी अल्हड़, कभी हसीना शोख़ बनके
    ख़ाली पन्नों पर कुछ लिखने के लिए
    जाने क्या-क्या बन जाता हूँ
कवि नहीं चिड़िया हूँ
तिनका-तिनका जोड़ के कविता बनाता हूँ

मुझे हँसता हुआ देखकर
वो रो पड़ता है
उससे ज़्यादा मुझे कौन जानता है

हम साथ नहीं रहते

उँगलियाँ अभी भी, तुझे Msg Type करती हैं
कलाई पर आज भी, तेरी दी हुई घड़ी की टिक-टिक रहती है

बायीं तरफ़ सीने पर आज भी तेरा सर महसूस होता है
खुला रहता है इंतज़ार में, घर का दरवाज़ा नहीं सोता है

कानों में तेरी बातें गूँजती है, अच्छी तरह से
तेरा ख़याल रखना याद आता है, कपड़ों की तह से

देखो तुमने अभी-अभी, बालों को सहलाया है
आज भी गीला है तकिया, तुमने आँसुओं से नहलाया है

होंठों पर पर चुभन है, तेरे पास मेरा मन है
पलकें झपकती नहीं हैं, तुझे पास बुलाती हैं

आँख बंद करूँ तो
तेरी आहट आती है

देखो ना
दिल के सिवा किसी को नहीं पता, अब हम साथ नहीं रहते हैं

ख़याल रखना बहुत महँगा शायर हूँ मैं
दो लाइन सुना के, लबों से दौलत ले लूँगा

तुम शायर हो

तुम बोलते हो
मैं सोचती हूँ
तुम लिखते हो
मैं देखती हूँ
तुम दूर जाते हो
मैं बहकती हूँ
तुम क़रीब आते हो
मैं महकती हूँ
तुम बादल बन बरसते हो
मैं बिजली बन कड़कती हूँ
तुम जब-जब साँस लेते हो
तब तब मैं धड़कती हूँ
तुम कोरा काग़ज़ हो
मैं ख़याल हूँ
तुम तड़प हो
मैं बुरा हाल हूँ
मैं पानी हूँ, तुम फ़ायर हो
मैं वजह हूँ, तो तुम शायर हो

मोहब्बत से मुलाक़ात

जब वो मासूम थी और हम भी सीधे
उस ज़माने की बात हुई
कल पहली मोहब्बत से मुलाक़ात हुई

उसके पहले कोई नहीं, था ना उसके बाद है
रात भर हुई बातें, पूछो तो कुछ नहीं याद है

बहुत सुनने की आदत नहीं है उसे
मैं कैसे चुप रहता भला
पहले हुई बे सर-पैर की बातें
फिर शिकायतों का दौर चला

तुम ऐसे हो गए, मैं वैसी हो गई
तुम कहीं उलझ गए, मैं भी ख़ुद में खो गई

पहली बार देखा मैंने, क़रीब से चाँद का खिलना
होंठों ने कहा Bye! आँखों ने कहा फिर मिलना

दरख़्त चला गया

इस बार ऐसा हुआ
दरख़्त चला गया
वरना सुना तो यही था
चिड़ियाँ उड़ जाती हैं
चिड़ियाँ चली जाती हैं...

(गीता कपूर की माँ रानी कपूर जी की याद में)

Visiting Hours

बनावट से ना मंदिर लगता है
ना मस्जिद लगता है
ना कोई दरगाह
ना किसी का आश्रम
देखने से नॉर्मल मकान-सा लगता है

पर लोग कहते हैं
इस मकान में भगवान रहते हैं
डिग्रियों वाले भगवान

हाँ... आप मिल सकते हैं
बात भी कर सकते हैं
ये भगवान लोग जादूगर हैं
रोते हुए को हँसा के घर भेजते हैं

ये फ़ॉर्मल कपड़े वाले भगवान जिस नॉर्मल मकान में मिलते हैं
लोगों ने उसे अस्पताल का नाम दिया है

कोर्ट की तरह यहाँ कोई भगवद गीता नहीं है
पर फिर भी भगवान की टीम कभी झूठ नहीं बोलती
सच बताती है
कड़वा सच
और फिर कड़वाहट दूर करने के उपाय भी बताती है
जिसको पढ़ें लिखे भक्त, Treatment कहते हैं

उम्मीद के फूल

कुछ पड़ गए थे औंधे
कुछ सूख गए थे
तुम्हारे लगाए हुए पौधे
फिर से मोहब्बत की मिट्टी डाली है
वापस बुला लिया माली है
तुम्हारे सूने बालों के लिए
कुछ इंतज़ाम कर रहा हूँ
पर तुम पिछली बार की तरह
कहीं से अनजान गजरा मत बाँध लेना
थोड़ा सबर कर लेना
उम्मीद के फूल आने वाले हैं

शहर मत उगाना

शहर घूमता है काले चश्मे लगा के
गाँव अब भी नज़र मिला लेता है
    शहर बीमार होता है, आजकल दवाओं से
    गाँव बीमारियों में भी, ख़ुद को जिला लेता है
शहर के घरों से ख़ाली हाथ लौट जाते हैं
गाँव में लोग बर्तन भी ख़ाली नहीं लौटाते हैं
    नक़ली चेहरे गाँव में भी थे मगर उनकी आँखें सच्ची थी
    शहर के भीतरी शोर से आटा चक्की की पुक-पुक अच्छी थी
गाँव में देखो मुस्कुराती हैं फूल गोभियाँ
शहर ने पहले बाल रँगे, फिर हरी सब्ज़ियाँ
    शहर के पक्के मकान भीतर-भीतर जल जाते हैं
    गाँव की झोपड़ियाँ महफ़ूज़ रहती हैं
शहर में खारापन खारा है समंदर यहाँ का
गाँव में देखना मीठे पानी की नदी बहती है

पर देखा है मैंने
थोड़ा-सा शहर घुस रहा है गाँव में
कोई कर रहा है छेद चुपके से नाव में
AC की कमी गिना रहा है पीपल की छाँव में
पहिया पलायन का बाँध लिया है पाँव में

दुआ है मेरी, ख़ूब तरक़्क़ी करे ज़माना
बस गाँव की लाश पर, शहर मत उगाना

सवाल तुम्हारा

सवाल है तुम्हारा
जो मुझ पर पड़ी आँखें करती रहती हैं
अक्सर...
उसका जवाब लिख रहा हूँ
कुछ पूरे कुछ अधूरे ख़्वाब लिख रहा हूँ
अच्छा तो इस क़ाफ़ियाबाज़ी का इरादा ना था
Something something वादा ना था

इससे ऊपर का जवाब देना है
क्योंकि सवाल गहरे हैं तुम्हारे
घाव की तरह

क्यों लिखते हो?
इतना कुछ ना कितना कुछ
बस नहीं लिख पाते
हमारे तुम्हारे अनाम रिश्ते का
नाम कोई...

तुम पूछा करती हो
हर like हर comment में छुपा के

सारे जोड़ के रखे हैं मैंने
उसका आज हिसाब लिख रहा हूँ
सवाल है जो तुम्हारा
उसका जवाब लिख रहा हूँ

कहाँ लिखूँ बताओ
चुपके से किसी किताब के पीछे
पर तुम किताब कहाँ पढ़ती हो
अच्छा उस रात की तरह लिख दूँ
पीठ पर तुम्हारी
वो लिखावट जो दिखती नहीं है
जिसका सिर्फ़ एहसास होता है

ऐसा करते हैं
पुराने ज़माने की तरह चिट्ठी में लिख
के भेज देता हूँ... पर कहाँ?
तुम्हारा पता तो एक है
पर ठिकाने बदलते रहते हैं

बोलो ना कहाँ लिखूँ?
पढ़ सकती हो तो
आँखों में
सुन सकती हो तो बातों में
पर ना देख पाती हो मेरी तरफ़

ना सुन पाती हो एक हरफ़

तुम्हारे तेवर
मेरे ख़्वाबों से बड़े हैं
तभी तो तुम कहीं और हो
हम कहीं और खड़े हैं

ख़ैर वक़्त है
अरे हाँ वक़्त है
वक़्त पर लिख रहा हूँ
आज मेरे हिस्से में वक़्त का पहिया नाच रहा है
जब तुम्हारे हिस्से जाएगा
तो पढ़ लेना
या इंतज़ार कर लेना
वक़्त पढ़ के बता देगा

तुम्हारे इरादे आँखों में झलक रहे हैं
ये कम्बख़्त सर्दियाँ जो ना करा दें

सर्दियाँ

सुबह थोड़ी अलसाई होगी
कम्बल होगा पाँव के पास
किसी बदन पर रज़ाई होगी

शाम को चाय की गर्म घूँट
होंठों की सिकाई करती होगी
और याद करती होगी
'रहना है तेरे दिल में' का गीत
'सर्दी की रातों में हम सोए रहें...'

क्या इतना ही काफ़ी होता है
या मन करता है
काँपते हाथों से मोबाइल लेके
'Hiii... milne Aaun kya ?'
ये वाली चिट्ठी
दाहिने अँगूठे के सहारे
भेज दो मेरे पास

या छोड़ दो क़ुदरत पर

इन बर्फ़ीली हवाओं का भरोसा है मुझे
बहाने से पास लाएगी
देखो तो
हल्की ठंडी अब मुंबई में भी है

याद है

मैं तुम्हारे बदन पर लिखता था
तुम रूह पर चित्र बनाती थी

याद है
मेरी महक रह जाती थी तुममें
तुम बार-बार नहाती थी

याद है
मुझे पानी वाली Maggi पसंद थी, तुम्हें सूखी
जब ग़ुस्से में मैंने नहीं खाया था, तुम भी रही थी भूखी

याद है
तुम मेरे लिए नेल पॉलिश के रंग बदलती थी
कभी तुम्हारा हाथ पकड़ के नहीं चला, मेरी ग़लती थी

याद है
तुमने सिगरेट की लत छुड़ाई थी
हाँ इसी बात पे पहली लड़ाई थी

याद है
जब हम साथ सोते थे
दूर-दूर हो के
जब हम साथ रोते थे
दूर-दूर हो के

रोज़ भुलाया करता हूँ

तू डरती क्यों है बदनामी से
मैं तुझे 'बस दोस्त' बताया करता हूँ

हो ना जाए कहीं मोहब्बत फिर
मैं शाम घर में बिताया करता हूँ

होना नहीं बड़ा घर वालों की नज़र में
मैं तो माँ से भी उम्र छुपाया करता हूँ

जाती नहीं मेरे होंठों से तेरे होंठों की महक
मैं पान चबाया करता हूँ

नहीं मिटता है फिर भी नाम तेरा बदन से
मैं Tattoo को Tattoo से मिटाया करता हूँ

सब ख़तम हुआ सिर्फ़ पागलपन बचा है
मैं तुझे रोज़ याद करता हूँ रोज़ भुलाया करता है
रोज़ याद करता हूँ रोज़ भुलाया करता हूँ
रोज़ याद करता हूँ रोज़ याद करता हूँ

भुलाया याद करता हूँ याद भुलाया करता हूँ
ना ना क्या कह दिया
रोज़ याद करता हूँ रोज़ भुलाया करता हूँ

क़रीब आ गए

हम तो उम्मीद में ख़्वाब देखते रहे
जाने कब क़रीब आ गए

जब आ गए तो ख़बर लगी
कि वो क़रीब आ गए

नज़र आते नहीं बस महसूस होते हैं
कि इतने क़रीब आ गए

जलती है अब तो परछाई मुझसे
कि वो क़रीब आ गए

ख़ुदा ने बचा लिया एक और नमाज़ी
शुकर है वो क़रीब आ गए

बिस्तर, अलमारी, बर्तन, डब्बे, सोफ़े और किताबें
हाँ कुछ और ज़रूरत की चीज़ें कई सालों से
मकान बदल रही हैं
मैं तो आज भी
पहले वाले घर में हूँ

हम ही तो हैं

हम ही तो हैं
जो zero balance वाले accounts खुलवाते हैं
हम ही तो हैं
जो दादी नानी के नुस्ख़े आज़माने हैं
हम ही तो हैं
जो पैदल चलकर सेहत नहीं पैसे बचाते हैं
हम ही तो हैं
जो scooter किश्तों पर लाते हैं
हम ही तो हैं
Nano जिनका सपना होता है
हम ही तो हैं
जिनका मोहल्ले में हर कोई अपना होता है
हम ही तो हैं
सिनेमा देख के बहकते हैं
हम तो हैं
ट्रेनों में जिनके अचार महकते हैं
हम ही तो हैं
जो एक quarter में जॉर्ज बुश होते हैं
हम ही तो हैं

जो अख़बार में अपना नाम देख के ख़ुश होते हैं
हम ही तो हैं
जो टूथपेस्ट को पिछवाड़े से काटते है
हम ही तो हम
जो फ़ोन पे नहीं, मिल के दुख दर्द बाँटते हैं

हम ही तो हैं
जो शैम्पू में पानी डाल के हिलाते हैं
हम ही तो हैं
जो हाइट बढ़ने पर पैंट के 'मोहड़ी' खुलवाते हैं
हम ही तो हैं
जो सबसे 'कमेटी' डलवाते हैं
हम ही तो हैं
जो मेले में भी गुल्लक ख़रीदने जाते हैं
हम ही तो हैं
जिसे 'बिटिया की शादी' हो जाए
बस यही फ़िकर रहती है
हम ही तो हैं
जिसे दुनिया middle class कहती है

सब अच्छा-अच्छा है

वो कह दे
सब अच्छा-अच्छा है, तो भी मिल लेना

वो कह दे 'ना ना... उदास नहीं हूँ'
तो भी मिल लेना

वो हमेशा मुस्कुराता हो, तो हाल पूछ लेना
वो रोने से कतराता हो, तो सवाल पूछ लेना

पूछ लेना उससे कि रोज़ Motivational Post क्यों डालता है
पूछ लेना उससे Past की बातें क्यों टालता है

दाढ़ी-मूँछ आई है पर बच्चा लगता होगा
शौक़ से नहीं आए Dark Circles
वो रातों को जगता होगा

पूछ लेना नींद क्यों नहीं आती है
पूछ लेना मोहब्बत दूर क्यों जाती है
तुम एक बार सुला लेना उसे पाँव पर
हाल पूछना मलहम होता है घाव पर

वो जो पास बैठ के पूछें
तो बताएँ हम कि तकलीफ़ क्या है
वो जो पास बैठ के पूछें
तो फिर तकलीफ़ क्या है

अब भी ऐसी हो क्या

तुम tense होने पर कमरे में टहलती थी
अब भी ऐसी हो क्या

तुम एक ही पाँव में पायल पहनती थी
अब भी ऐसी हो क्या

तुम scooty तेज़ चलाती थी
तुम छत पर cigarette जलाती थी
अब भी ऐसी हो क्या

तुम public place में 'kiss करो' की ज़िद्द पकड़ती थी
तुम लम्बे वक़्त बाद मिलने पर बाहों में जकड़ती थी
अब भी ऐसी हो क्या

तुम भूतों वाली कहानी से नहीं डरती थी
तुम flights में मंतर पढ़ती थी
तुम mug भर के चाय पीती थी
तुम queen बन के जीती थी
अब भी ऐसी हो क्या

तुम poet नहीं poetry पसंद करती थी
दुष्ट अब भी ऐसी हो क्या

बिना झपकी इंतज़ार सारी रात करती थी
पगली अब भी ऐसी हो क्या

तुम नाराज़ हो के भी बात करती थी
बेटा अब भी ऐसी हो क्या
सुना है
शादी के बाद surname बदल लिया है
ख़ुद को भी बदला है ?
या झल्ली अब भी ऐसी ही हो क्या

भरोसे की बारिश

कंधे का भार कोई नहीं देखता
सब तुम्हारे सीने का भार देखते हैं
कोई जानता ही नहीं तुम जल्दी भरोसा क्यों नहीं करती
सब अपना-अपना ऐतबार देखते हैं

कितने अरमान अधूरे हैं, दिल में तुम्हारे
तुम अकेली नहीं हो, ख़ुद हो ख़ुद के सहारे

तुम कहीं से बंजर हो
जिसकी तरावट नहीं हुई
तुम कोरा काग़ज़ हो जिसपे
कोई लिखावट नहीं हुई
तुम मूर्ति हो अभी बनी हुई
जिसकी कोई सजावट नहीं हुई

सच ये भी तो है कि तुम्हें
पसंद नहीं आता कोई कलाकार
जिसको हक़ दे सको
अपने बदन पर, अपने मन पर

मनचाहा नाम लिखने का
अगर कभी मेरी आँखों में
भरोसा छलक जाए
और तुम ठीक से भीग पाओ
भरोसे वाली बारिश में
तो ज़िंदगी का ख़ालीपन
दे देना मुझे

मैं तुम्हारी अधूरी कहानी लिखूँगा
जिसे पढ़कर
तुम्हें ज़िंदगी पूरी होती नज़र आएगी

जाते-जाते उसने कहा अब 'महीने बाद ही मिलना होगा'
महीने ने सिमट के बोला, 'मैं 10 दिन का हो जाऊँ क्या ?'

तब लिखता हूँ

जब Break-up का गीत हो
बिछड़ा मीत हो
जीवन का संगीत हो
दोस्त हो
प्यार हो
पहली date हो
PVR हो

समंदर का किनारा हो
पुराना याराना हो

फिर से हरा हुआ घाव हो
दो दिन भूख के बाद वड़ा पाव हो

मेरे लिए रखती कोई Fast हो
या दर्द भरा अपना Past हो

इज़हार का दम हो
इनकार का ग़म हो

आँखों में बरसों की नींद हो
फिर उससे मिलने की उम्मीद हो

दिल में कोई बात हो, उस बात में कोई बात हो
अकेलेपन का साथ हो

जितना भी किया कम हो
आज भी Sorry, Thank you की उलझन हो

दिमाग़ उड़ा और Fuse हो
मन चाहे फिर से हम Mis-use हों

तब भी लिखता हूँ
जब लगता है, Film Industry का खेल निराला है
तिजोरी भरी, पर शक्ल पे दिवाला है

अबे Make-up लगा मुँह है चमक नहीं है
मीठा बोल के कहते हैं वो 'इसमें नमक नहीं है'

'बेटा अखाड़े में आ के दाँव कौन सीखता है?'
Glycerine की क़ीमत बढ़ रही, इधर Emotion बिकता है

अच्छा तो यह कहानी मेरी नहीं है,
आजकल कहानियाँ फ़िल्मों में भी नहीं है
तो कहाँ गईं वो कहानियाँ
जिन्हें सुनाती थीं दादी और नानियाँ

आजकल प्यार, ग़ुस्सा, शिकायत,
रूठना-मनाना सब ग़ायब हो रहा है
सिर्फ़ मेरे साथ है
या कुछ-कुछ आपके साथ भी हो रहा है?

आप भी 60 का Peg दोबारा लेते हैं?
आप भी हँसने के लिए
Comedy Shows का सहारा लेते हैं?

मतलब Special कुछ नहीं हो रहा

यह तो रोज़ का है
कल भी हुआ था, कल भी होगा

कल जो हुआ, वो कल ना हो लड़ाई इसी की है
कल सर सीमा पर कटे
तो जवाब Facebook पर ना दिया जाए
धर्म और Dharma के Nepotism को सेकेंडरी किया जाए

एक हिदायत देता हूँ
पढ़ें, पढ़ें और तब तक पढ़ें
जब तक इसका वो मतलब ना निकल जाए
जो मैंने लिखा भी नहीं
चाहत इतनी ही तो है
मैंने जो लिखा नहीं
कोई वो पढ़े...

और हाँ ये सुनो!
शायर बनने की दो शर्तें थीं
अकेलापन और आशिक़ी
मैंने अकेलेपन से आशिक़ी कर ली है
और लोग कहते हैं
शायर है!